Alessandro Stephan

Eigene Engel erschaffen

Gedichte

AF219632

Alessandro Stephan

Eigene Engel erschaffen

Gedichte

Bibliografische Information der Deutschen Nationalbibliothek: Die
Deutsche Nationalbibliothek verzeichnet diese Publikation in der
Deutschen Nationalbibliografie; detaillierte bibliografische Daten
sind im Internet über dnb.dnb.de abrufbar.

Illustration und Coverdesign: Alessandro Stephan
Fotografie: Julia Lauer

Herstellung und Verlag:
BoD - Books on Demand, Norderstedt

ISBN: 978-3-755-75726-9

Allen, die trauern.
Allen, die zweifeln.
Allen, die leben.

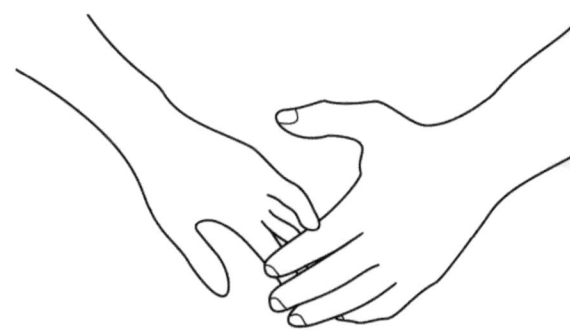

Liebe Lesende,

vor ein paar Jahren wollte mein Opa noch einmal in seinem Leben nach Marburg fahren und sich diese alte Stadt mit ihren vielen Fachwerkhäusern und dem sich über ihr erhebenden Schloss ansehen. Es sollte sozusagen eine letzte größere Reise werden. Das mag sich merkwürdig anhören, aber mit 80 Jahren sind die Maßstäbe andere und so waren die etwa zwei Stunden Autofahrt von Kaiserslautern nach Marburg doch zu viel. Die letzte größere Reise ging dann an die Bergstraße im Odenwald. Es war ein Kompromiss, ein Zugeständnis – und zugegebenermaßen gibt es Schlimmeres als einen Urlaub gegen einen anderen zu tauschen –, aber Marburg hätte er dennoch gerne gesehen.

Als ich vor wenigen Wochen das erste Mal in meinem Leben durch Marburg ging, habe ich wie wohl viele vor mir über die beeindruckenden mittelalterlichen Fassaden und die schiefen kleinen Gassen gestaunt. Und ich musste an meinen Opa denken: Ihm hätte das hier gefallen. Er wusste, was gut war.

Mein Opa ist im letzten Jahr am 3. Juni 2021 verstorben. Er wurde 83 Jahre alt. Als ich ihn zum letzten Mal sah und dann das Krankenhaus verließ, hatte ich drei Wörter im Kopf, die ich damals weder einordnen konnte noch wollte. Vielleicht könnten sie einmal der erste Vers eines neuen Gedichts sein, vielleicht sind sie einfach nur ein Gedanke, den ich wieder verwerfe, ich wusste es nicht und wollte in dieser Situation auch nicht darüber nachdenken. Trotzdem tippte ich sie in mein Mobiltelefon. Es sind diese drei Wörter, die heute den Titel dieses Gedichtbands bilden: Eigene Engel erschaffen.

Es ist der richtige Titel für diesen Gedichtband, der nicht nur Lyrik umfasst, die vor und vor allem nach dem Tod meines Opas im letzten Jahr entstanden ist. Dieser Band beinhaltet ebenso Gedichte, die sich mit dem Zweifel befassen, den es manchmal im Leben gibt, aber auch dem Mut, den es braucht, um ihn zu überwinden. Es ist ein Titel, der viel eröffnet und dessen mögliche Bedeutungen ich nicht weiter schmälern, sondern bewusst offenlassen möchte.

Inzwischen wohne ich zum ersten Mal in meinem Leben nicht mehr in der Pfalz. Ich bin vor wenigen Wochen in eine Stadt gezogen, in der ich noch nie zuvor gewesen war. Diese Zeilen schreibe ich und sehe direkt vor mir das Landgrafenschloss durch die noch leicht kahlen Äste. Bald werden sie wieder voller grüner Blätter sein. Mein Opa hätte diese Stadt gerne nochmal gesehen und nun wohne ich hier. Manchmal kann man sich nur wundern.

Aber so ist es: Das Leben geht immer weiter.

Alessandro Stephan
Marburg im März 2022

Es gehört zum Leben dazu...

Fort, weit fort

Wir haben uns lange nicht gesehen.
Auch wenn ich dich nicht suche,
denke ich,
du bist,
du bist noch irgendwo
und kommst bald wieder.

Aber fort, weit fort
bist du.

Wir haben uns lange nicht gesehen.
Auch wenn ich natürlich weiß,
wieso,
versteh ich es nicht
und manchmal zweifle ich,
ob ich es verstehen kann.

Aber fort, weit fort
bist du.

Wir haben uns lange nicht gesehen.
Auch wenn Wochen lange sind,
werden sie
zu Monaten,
zu Jahren,
zu einem Leben
nach dir.

Und fort, weit fort
bist du.

Alles kann warten

Jetzt da du dort liegst
und ich hier wache,
kann alles warten,
kann alles warten.

Nichts ist wichtig,
nichts außer
deiner warmen Hand
und deinem Atem.

Wenn ich da bin,
wenn du nicht mehr bist,
ist für alles Zeit
außer für dich.

Suche

*Im Gedenken
an meinen Opa Willi*

Wo du bist,
weiß ich nicht,
ob du bist,
weiß ich nicht,
aber du warst –
das weiß ich.

Vielleicht schaust du
von oben auf uns,
vielleicht passt du
überall auf uns auf –
das hast du immer.

Du hast so viel getan
und ich wusste so wenig,
aber du darfst jetzt ruhen
und ich stehe hier –
das ist in Ordnung.

Wie weiter?

Durch die Straßen
gehe ich, nein,
schlurfe ich,
trotte ich,
schleppe ich mich voran.

Eigentlich will ich
so nicht sein,
eigentlich will ich
gar nicht sein.
Eigentlich will ich –

Durch die Straßen
ziehe ich mich,
weil ich weiter muss.
In den Straßen
bleibe ich stehen,
weil ich so nicht weiter kann.

Praktischer Trost

Ich brauche
kein Salz der Tränen,
kein Gewitter in der Brust.

Ich brauche
kein Jammern,
kein Seufzen,
kein Wehklagen mehr.

Ich brauche
keine Bilder für den Schmerz und die Trauer,
keine Seelenmetapher für das Leid,
kein Lied und
kein Gedicht.

Ich brauche nur
eine Hand, die meine hält,
und eine Schulter, die tröstet.

Fehlende Erkenntnis

Da sind noch Bilder,
da sind noch Erinnerungen
und deine Stimme antwortet,
wenn meine etwas fragt;
aber du bist weg.

Da sind noch Orte,
da ist noch eine ganze Welt
und alle anderen lachen,
auch wenn ich's nicht mag;
nur du bist weg.

Da ist noch Leben,
da ist noch alles da
außer dir.

Da bin noch ich;
da ist noch ein Suchen
nach dir.

Da ist sie:
Da sind wir
und weg bist du.

Abendruhe

Ein schöner Himmel;
zartblau verläuft
zu hellrot getupften,
glänzenden Wolken,

vor dem Grau
der Düsterdämmerung
bis zum Dunkel
in nahender Nacht.

Einmal so prächtig
und fast verblüht
sind hier Blumen.

Sie liegen mit der Erde
zwischen dem Himmel
und deiner Hülle.

Eines Tages

Eines Tages werde ich nur noch
Wind sein, Sonne sein, Schnee und Regen sein.
Eins mit der Welt und ihren Elementen,
eins mit Dunkelheit und Licht.

Ich werde bei Dir sein.
Wenn Du an mich denkst,
weht Wind um Deinen Kopf,
trifft Dich Sonne, Schnee und Regen.

Wenn Du an mich denkst,
werde ich bei Dir sein,
Dich nie verlassen, wenn ich
eines Tages mit allem eins bin.

Bleiben

Du bist noch da,
dabei bist du weg.

Du hast dafür gesorgt
zu bleiben, wenn du gehst.
Du hast das alles verstanden
und wusstest, was geht,
deshalb konntest du bleiben
in der Welt
und in mir.
Du warst
unsterblich vor dem Tod.

Das konnte ich nicht wissen,
aber jetzt verstehe ich,
darum ging es nie.
Du bist weg,
dabei bist du noch da.

Blick zurück

Dunkle Tage, helle Tage
waren das Leben,
sind nicht mehr.

Ich wollte zurück,
wollte nicht frieren,
wollte fliehen.

Alles vergeht,
weder Schmerz noch Tränen
verhindern das.

Dunkle Tage, helle Tage
waren das Leben,
aber ich friere.

Wo ist ihre Wärme?
Ich finde sie heute
nur in mir. Danke.

Immer wieder weitergehen

Ein Kind atmet ein,
eine Wehe geht, eine Freude kommt,
immer weiter, immer wieder
so im Takt des Lebens.

Der Mensch erstrahlt,
eine Liebe geht, eine Liebe kommt,
immer weiter, immer wieder
so im Takt des Lebens.

Eine Seite legt sich um,
eine Nacht geht, ein Tag kommt,
immer weiter, immer wieder
so im Takt des Lebens.

Ein Blatt löst sich,
ein Winter geht, ein Sommer kommt,
immer weiter, immer wieder
so im Takt des Lebens.

Ein Mensch schläft ein,
der Atem geht, die Erde kommt,
immer weiter, immer wieder
so im Takt des Lebens.

Woanders glücklich

Ob du glücklich bist,
wo du jetzt bist,
glücklicher als hier?

Vergleiche zwischen
besser und schlechter,
weniger und mehr,
hier und dort.

Ob sich das so
vergleichen lässt?

Glück ist ein
menschlicher Gedanke
und du bist kein Mensch mehr.

Gibt es Glück ohne Leben?

Vielleicht bist du jetzt
anders glücklich
und vergleichst nichts –
dann lasse ich los
für dich.

Eine Bitte

Für Sofia

Hör nie auf zu tanzen,
hör nie auf zu lachen.
Bei allem, was kommt,
und allen, die gehen,
bleib Du nicht stehen.

Ich weiß, es tut weh,
ich weiß, es ist schwer,
das Leben geht weiter,
auch wenn es nichts hilft.

Das Lachen, das Weinen
werden verschwinden
wie wir alle eines Tages.

Das ist nicht schlimm,
nicht weil es viel war,
sondern weil es richtig war
zu tanzen, zu lachen, zu leben.

Das ist meine Bitte,
meine Bitte an Dich,
denn sehe ich Dich,
sehe ich mich.

Ewigkeit

Wir haben immer noch Zeit.
Auch wenn deine Zeit vorüber scheint,
haben wir noch Zeit.

Wir werden immer Zeit haben,
solange da die Erinnerung ist
an dich und unsere Momente.

Wenn der Schmerz vergangen ist,
werden wir ewig Zeit haben,
werden wir ewig lachen.

Licht sein

Unser Leben, wir
wie Glasfiguren,
die irgendwann
zerbersten, zerbrechen, zerschellen.
Glitzernd und funkelnd bis zuletzt
ist jeder Mensch
ein Kunstwerk.

Wir Figuren aus Glas,
Kristalle aus dem Staub der Sterne,
zu dem wir wieder werden,
wenn es Zeit ist
und unser Leben zerspringt,
leuchten in der Dunkelheit
der ewigen Nacht.

...wie der Zweifel...

Nur zu nah

Weißt du, ich,
ich seh' mal wieder nichts,
nichts Gutes zumindest:
Schlechtes seh' ich viel
und Zweifel, und Zweifel.

Doch sonst seh' ich nichts,
keinen Grund und keinen Sinn,
nicht woher und nicht wohin.

Was das soll?
Ich weiß es nicht;
ich bin wie blind.

Doch was siehst du?
Vielleicht bin ich nur
zu nah an mir
und daher blind.

Ich will nur

Ich will nur
gefallen
dir
mir
uns.

Ich will nur
passen
irgendwo
dort
hier.

Ich will nur
wissen wer ich bin.
Ich will nur
wissen wohin ich will.
Ich will nur
nicht mehr zweifeln.

Ich will nur
richtig sein.

Vielleicht glaubst du mir

Wenn ich dir sage,
es ist nicht so schlimm –
würdest du mir glauben?

Ich glaube mir
nicht mal selbst –
wieso solltest du?

Vielleicht brauche ich
dich und den Glauben –
vielleicht glaube ich

nur nicht an mich,
und deshalb glaubst du
nicht an dich.

Es ist nicht so schlimm –
glaubst du mir?

Das Wagnis zu denken

Bei jedem Anfang
an das Ende
gedacht,

jeden Anfang
so zum Ende
gemacht.

Einen Schluss
sollten wir
nicht sehen,

im Wagnis
zu denken
nicht stehen.

Was wollen wir?

Zuerst
wollen wir
Liebe.

Dann wollen wir
Anerkennung,
dann wollen wir
Erfolg,
dann wollen wir
Sicherheit.

Am Ende
wollen wir
geborgen sein
wie am Anfang.

Selbstdistanz

Mach dich rar,
entferne dich.
Was suchst du?
Weißt du es?

Du wirst es
hier nicht finden,
denn du kannst
hier nicht suchen.

Mach dich rar,
schau in dich.
Dort wirst du
alles finden.

Ein anderer Vergleich

Wie so oft schon
stehe ich und
vergleiche mich
mit anderen.

Selten bin ich besser
oder wenigstens noch gleich:
Meistens bin ich schlechter.

Der Vergleich, er hinkt.
Sie sind nicht ich und
ich bin nicht sie.

Zum ersten Mal da
gehe ich und
vergleiche mich
nur mit mir.

Gestern war ich schlechter
als ich heute bin.

Der Vergleich, er passt.

Leere Tage

Leer, so leer
die Tage wie Sand,
leer, so leer
die Tage am Meer
ohne Wasser, ohne Wind.

Leer, so leer
suche deine Hand,
leer, so leer,
Warten ist schwer
und suchend ein Kind.

Leer,
    so leer.
Leer,
    so leer.

Grübeln

Kurz stillstehen, innehalten
zwischen Gedankengewalten
sich verlieren, nichts finden.

Drehen auf der Stelle, im Kreis,
als ich nichts mehr sicher weiß,
kein Ahnen, kein Empfinden.

Wunsch nach Stärke, nach Klarheit,
orientierungslose Zeit,
ist Leben nur ein Schwinden?

Kurz stillgestanden, gehalten
inmitten Zweifelsgestalten
nicht verbleiben, sich losbinden.

Nur allein sein

Ich will
nur allein
mit mir
sein.

Kalter Tag
schneebedeckt,
Himmel klar,
Wege verdreckt.

Kahle Äste
laubblattlos,
zarte Sonne
und Atmen bloß.

Die Stille
da draußen
zieht nach
da drinnen.

Warm
geborgen
bin ich
in der Kühle.

Keine Flucht

Es gibt keine Flucht,
keine Flucht vor mir.

Ich werde mich einholen,
immer wieder,
stets.

Verarbeiten.
Erlebtes,
dich,
mich.

Ruhe und Frieden
in mir.

...und der Mut.

Kein Tag heute

Heute ist kein Tag
zu leben,
kein Tag,
um etwas zu bewegen.

Heute ist kein Tag
zu sein,
kein Tag,
an dem ich mich kenn'.

Heute ist ein Tag
zu scheitern,
doch kein Tag,
um alles aufzugeben.

Heute ist kein Tag
zu sterben,
denn morgen ist ein Tag
zu leben.

Gewissheit

Weißt du, ich bin
nicht tot,
im Innern,
meine ich.

Da sind noch
ein Herz, eine Seele,
da ist Gefühl,
ganz leise, schwach,
doch da.

Weißt du, ich glaube
manchmal daran,
an mich,
meine ich.

Jetzt wichtig

Keine Ruhe und keine Angst,
nur schwerelos schwebend
ohne Halt, wartend
im fremden Haus.

Keine Ruhe und doch Angst,
kalter Schweiß
auf dir, in dir
dieser Druck,
berstend der Blick voraus.

Im Moment ist alles da,
alles, woran du –
denkst du an dich?
Wichtig ist jetzt
doch Ruhe und keine Angst.

Es genügt zum Leben

Ein Leben braucht
nicht viel:
Ein Dach, ein Bett,
Wasser und Brot,
mal Sonne, mal Regen,
ein bisschen Sinn.

Ein Leben braucht
vor allem Zeit,
Geduld und Mut,
manchmal auch Glück.

Dein Leben braucht
nicht viel,
dein Leben braucht
nur dich.

Was hier noch bleibt

Es ist Schmerz
und es ist Wut.
Es ist die Enttäuschung
über die Welt
und über dich selbst.
Das was hier noch bleibt

das was hier noch bleibt
in der Nacht, am Ende –
ist es das?
Bleibt nichts sonst
in der Nacht, am Ende?

Nichts als Schmerz
und die Wut
und einsame Zweifel?
Nur Veränderung?
Das was hier noch bleibt,
das was immer bleibt
bist Du.

Manchmal

Für Mama

Manchmal genügt ein kleines Wort,
manchmal nur umarmt zu werden,
mal der Rückzug zu einsamem Ort,
mal sich ganz und gar zu erden.

Manchmal, um nicht aufzugeben,
braucht es nicht mehr,
doch um gut zu leben,
brauchen wir das sehr.

Doch, auch

All die Erfahrung,
die dich prägt.
All die Gedanken,
die dich bestimmen.
All die Gefühle,
die dich leiten.
Alles ist ein
Teil von dir.

Sei zufrieden,
sei es nicht.
Sei glücklich,
sei es nicht.
Sei zuhause,
sei es nicht.
Bist du doch
auch Teil davon.

Von dieser Welt
nicht wegzudenken,
warst du, bist du,
wirst du sein.
Doch, auch du selbst.
Glaub an dich,
ich tu's.

Nur Mut

Alle sind bei dir,
manche kennst du,
manche sind dir fremd.
Alle sind bei dir,
um dich,
in deiner Nähe.

Du leuchtest,
du wirfst
Gedanken,
Gefühle,
ein Leben
in die Luft.

Sie fangen dich.
Immer
sind sie da,
sind alle bei dir.
Du weißt das.

Eine Entscheidung

Es ist lange her,
als wir uns entschieden,
was Glück bedeutet.

Seitdem ist es anders,
seit wir uns sagten,
Glück sei immer mehr,

seit wir Glück nur sehen,
wenn es nicht da ist
und wir danach streben.

Es ist lange her,
ich weiß, doch kurz,
wenn du dich erinnerst,

was es bedeutet hat,
Glück, das du immer suchst,
doch nie, nie erkennst.

Warum Du unersetzbar bist

Wenn ein Mensch ersetzbar wäre,
wäre dieser Schmerz nicht groß,
wenn er geht.

Wenn ein Mensch ersetzbar wäre,
wäre das Leben nicht da,
wenn er zurücksieht.

Wenn ein Mensch ersetzbar wäre,
wäre diese Liebe nicht stark,
wenn er liebt.

Wenn ein Mensch ersetzbar wäre,
wäre dieses Du nicht du,
wenn ich spreche.

Halb so wild

Wenn eine Hand
die andre greift
und ein Mensch
dem andern hilft.

Wenn du sagst,
es geht nicht mehr,
und ich sage:
Doch!

Wenn wir uns
zusammen halten,
(uns) vertrauen,
ist es nicht schlimm.

Versuche

Versucht habe ich
zu ersetzen,
was nicht
zu ersetzen
ist.

Versucht habe ich
zu halten,
was nicht
zu halten
ist.

Versuchen sollte ich
zu akzeptieren,
was nicht
zu ändern
ist.

Bereits entschieden

Auf dieser Stelle stehen
und auf meinen Beinen
und nicht wissen, wohin.

Der Weg hinter mir
und vor mir viele Wege
und nicht wissen, wohin.

Und eigentlich von alter Angst
und neuer Angst mehr müde
als nicht zu wissen, wohin.

Ein Weg wird richtig
und ich werde mit Mut
von dieser Stelle gehen.

Sanftmut

Wenn auch taumelnd in der Nacht,
freidrehend unterm Himmel,
so doch wenigstens als Tanz
mit den Sternen, ihrem Glanz
hier auf Erden, im Gewimmel:
Der Verzweiflung keine Macht!

In Tageshitze verdampft,
zu zig Tropfen kondensiert,
was anmutig und weich war.
Ein Nebel ist niemals klar:
Bevor man Dich dort verliert,
bleibe gut und bleibe sanft.

Getragen werden

Ich lasse mich treiben,
treiben in der Zeit.
Zwischen Gehen und Bleiben
keine Endgültigkeit.

Wirf mich in die Fluten,
versenk mich im Meer;
dieser Ort ist so leer,
lässt nichts mehr vermuten.

Mich trägt die Zuversicht:
Mein Suchen ist am Ende
das Finden neuer Strände
bis alles sich verwischt.

Inhalt

Es gehört zum Leben dazu...

...wie der Zweifel...

...und der Mut.

Textnachweise

Die folgenden Gedichte erschienen bereits an anderer Stelle:

Keine Flucht. Neue Literarische Pfalz Nr. 45, 2019

Manchmal. In: Schattenspiel der Berge (hrsg. von Literatur-podium, Dorante Edition), 2017 unter dem Pseudonym Peter Corant

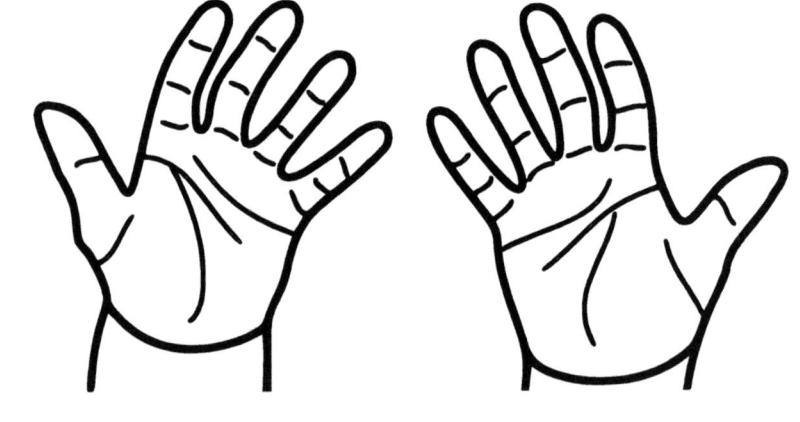

Danksagung

An erster Stelle danke ich meiner Familie, die mir immer wieder zeigt, wie wichtig Zusammenhalt und Liebe sind. Füreinander da zu sein, sich zuzuhören und trotz unserer Fehler zusammenzustehen sind für uns Selbstverständlichkeiten, die vielen anderen nicht gegeben sind. Es gäbe die Gedichte in diesem Band nicht ohne Euch, nicht ohne Euren Zuspruch und ohne die Zuversicht, dass es schon wird.

Besonderer Dank gilt meinem Bruder Ricardo Stephan, der mich zur Gestaltung des Covers inspiriert hat, Sofia Marie Fletschinger, die, obwohl auch von eigenem Verlust getroffen, mir beigestanden und mir mit ihrer Erfahrung und ihrer Sicht geholfen hat, Pico Schmidt, der in den letzten Monaten immer wieder herhalten musste, wenn ich mit einem Problem um die Ecke kam, mir aber deshalb nie böse war, Julia Lauer, die wirklich großartig fotografiert, sowie Paula Regine Erb, welche die Gedichte sehr gründlich gelesen hat, viele wertvolle Anmerkungen und Kritik hatte und ohne die dieses Buch ganz anders aussehen würde.

Und ich möchte allen danken, die mich – auf welchem Weg auch immer – unterstützen, meine Bücher kaufen und meine Texte lesen, die mir bei Lesungen zuhören und mir mit ihrer Kritik und ihrem Lob etwas zurückgeben. Literatur heißt immer auch, in den Dialog zu treten mit sich selbst und anderen, es heißt, Resonanz zu erfahren. Und gerade das fehlte uns in den letzten beiden Jahren der Corona-Pandemie so oft.

Der Autor

Alessandro Stephan, geboren 1997 in Landau in der Pfalz, Abitur 2016 am Hohenstaufen-Gymnasium Kaiserslautern, Studium eines Zwei-Fach-Bachelors mit den Fächern Germanistik, Betriebspädagogik sowie Kultur, Medien, Kommunikation an der Universität Koblenz-Landau am Campus Landau.

Alessandro Stephan lebt in Marburg. Er schreibt Lyrik und Prosa.

Von April 2019 bis September 2020 Chefredakteur der „La-Uni", dem Landauer Universitätsmagazin. Seit Januar 2019 Mitglied im Literarischen Verein der Pfalz.

Zuletzt erschienen u. a. der erste eigene Gedichtband „Mensch und Umwelt" (2020), das Gedicht „Was du sagtest, was ich tat" sowie die Erzählungen „Erinnerung in mir" und „Ein Urteil über Mensch und Mann" in „Neue Literarische Pfalz Nr. 47" (2021). Letztere wurde unter dem Hinweis auf die Ähnlichkeit mit Parabeln Franz Kafkas ausdrücklich gelobt.

© Julia Lauer

Weitere Informationen unter alessandrostephan.wordpress.com

Alessandro Stephan

Mensch und Umwelt

Gedichtband. 68 Seiten. Paperback.

»Mensch und Umwelt« umfasst 50 Ge-
dichte zu unterschiedlichen gesellschaft-
lichen und politischen Themen, die im
aktuellen Zeitgeschehen von großer Be-
deutung sind. So werden neben anderem die Umweltzerstörung
und in deren Folge der Klimawandel, das Erstarken der politischen
Rechten, eine Verrohung des gesellschaftlichen und medialen Dis-
kurses sowie ein immer weiteres Voranschreiten von Rationalisie-
rung und das Ausbreiten einer Verwertungslogik, die sich wertfrei
gibt, es aber dadurch auch nicht ist, thematisiert.

Wie gehen wir als einzelne Menschen mit den Problemen unserer
Zeit um?
Und: Brauchen wir eine »neue Aufklärung«?

Mit Illustrationen von Paula Regine Erb

ISBN 978 3-750-46857-3